김경현 유고 시집

별꽃

국립중앙도서관 출판시도서목록(CIP)

별꽃 : 김경현 유고시집 / 지은이: 김경현. — 서울 : 한누리미디어, 2010
p. ; cm

ISBN 978-89-7969-374-4 03810 : ₩7000

한국 현대시[韓國 現代詩]

811.62-KDC5
895.714-DDC21 CIP2010003821

별꽃

김경현 유고시집

한누리미디어

詩序

살아야겠다
살아야겠다
깊고 어둔 우물에서
물을 길어 올리는
두레박처럼
이 세상 메마른 가슴에
새로운 빛을 다 나누어 줄 때까지는
죽음의 늪에 빠져 허우적여도
한 줄기 생명줄을 붙잡고
살아야겠다
살아야겠다

목차 · 김경현 유고시집/ 별꽃

1부 _ 새벽의 기도문

2부_어둠 속으로

3부_ 내 작은 꿈의 뜨락에는

4부_아픈 몸을 이끌고

목차 · 김경현 유고시집/ 별꽃

哭, 故 金炅鉉 詩人의 49齋에 부쳐

鄭光修
(詩人 · 문학평론가 · 海東文人協會 會長)

金炅鉉 시인이 지난 2010년 9월 9일 아까운 나이에 별세하셨고 이에 49齋를 맞아 그 미망인 서현숙 女史는 부군의 유품을 정리하던 중 遺稿詩가 상당량 남아있음을 발견하고 49齋에 즈음하여 유고시집을 上梓하니 그 뜻을 더욱 빛내기 위하여 애를 쓰는 모습이 눈에 선하다.

이에 필자는『海東文學』에 데뷔시켰고 한국문인협회 회원으로 활동하도록 뒷받침하여 여러 해 같이 문학활동을 했음에 특히 필자가 회장으로 있는 해동문인협회 부회장으로 오랫동안 봉사하였음을 감안, 故 金炅鉉 詩人의 시세계를 되짚어 보도록 한다.

故 金炅鉉 詩人은 1962년 생이니 49세의 장년으로 문단활동에 있어 왕성하게 詩業을 펼칠 아까운 나이임에 삼가 고인의 명복을 비는 의미에서 弔辭를 쓰는 바 평소 金炅鉉 詩人은 필자를 師父의 禮로 대하였음에 더욱 가슴 아픈 일이다.

전북 부안 줄포에서 태어나 전주대학교 국문학과를 졸업하고 필자가 主宰하는 『海東文學』에 1994년 필자의 추천으로 등단한 바 벌써 16년 전의 일이다.

김경현 시인의 첫 시집 《웃음 속에 푸석이는 슬픔처럼》(1994. 5. 20. 한누리미디어 刊)은 필자가 해설을 썼는데 〈共時的 自由와 詩의 生起〉란 주제로…….

허리 꺾인 수숫대
타는 목대궁 속에 공그라진
그 많은 울음을
누가 다 울어 주랴

하 많은 날들에
싸느라니 식은 가슴
조이다
삭이다

끝내는
목숨 하나 데불고
맨둥발로 망연히
눈물고개 넘어 가면

발이 붓도록 뛰어도
잡을 수 없던

山中의 해

못견디게 시리운 몸짓으로
불탄 그 자리
하늘 몇 조각 핏물 섞어
슬며시 꽃으로 남기운다

— 〈山中의 해〉 전문

……이 시 〈山中의 해〉를 읽으면서 필자는 김경현 시인의 시세계는 새삼 無時間性을 띠고 있음을 본다.

해가 하나의 꽃으로 하나의 오브제가 된다.

서정시에서의 時制란 과거도 미래도 아닌 현재에 융합된 상태, 즉 回想의 연속성에서 새로운 知的 능력을 시간이란 개념에 섞어 미래에까지 포함한 예상이나 기대를 先知識(Precognition)하고 있음을 본다.

그 말은 영원한 현재로써 시인의 의식에 적용되고 있는 세계관을 볼 수 있음이다.

'타는 목대궁 속에, 그 많은 울음을, 하 많은 날들에, 싸느라니 식은 가슴' 이런 구절들과 더불어 '못견디게 시리운 몸짓으로/ 불탄 그 자리' 등은 결국 하나의 山中의 해가 '꽃' 으로 승화되는 詩的 상상력에 미친다.

상상의 작용은 어떻게 되는 것일까? 마음이 생각하는 것을 想像이라고 한다. 마음이라고 하는 것은 眼, 耳, 鼻, 舌, 身, 意, 六根이 완비되어 있어 六處라 하고, 六根이 모두 들어갈

수 있어 六入이라고 한다.

어떤 실물이 없어도 마음은 그 實物을 생각할 수 있는 것은 '마음' 속에 그 사물에 대한 모든 소질을 감각할 수 있고, 지각할 수 있고, 생각할 수 있기 때문에 '상상력'은 곧 詩意識의 현장이 되는 것이다.

시간은 항상 현재화되고 공간은 자의적으로 조정되는 것이며 타의적 구속에서 벗어난다고 하는 말은 自由롭다는 말인 것이다. 그래서 정서는 사유를 판단하게 되고 사유가 정서를 판단하여 노닐게 되므로 상상이라고 한다는 것인 바 인간으로서 아이덴티티 형성을 위해 끊임없이 자기 해체의 과정을 겪는다는 것이어서 결국엔 아이덴티티의 超越이 있어야 한다는 것이고, 자기 개성의 초월이야말로 진실로 김경현이 시인으로서의 위상정립에 일익을 담당할 것이라고 쓴 바 있다.

故 金炅鉉 詩人의 시를 다시 읽으면서 한국문단은 젊고 좋은 시인을 잃었다는 애통함과 더불어 고인을 추도하는 香을 사루면서 49齋에 미망인과 그 가족 친지들께도 김경현 시인의 遺稿詩集이 정성스레 읽혀 고인이 極樂往生하기를 祝禱하는 바이다.

南無觀世音菩薩 摩阿薩.

弔詩/ **조성규**

줄포 시인 경현아

아프다는 건 알고 있었지만
뒤늦게 날아든 부음 소식
육개월 전만 해도 그가 드나들던 주점
그 곳에서 들은 숨졌다는 비보

그가 가끔 앉아있던 자리에서
홀로 독주를 들이키는 초가을 밤
그의 혼이 술을 마시는 건지
내가 마시는 건지 모를 혼돈

시에 청춘을 바친 강렬했던 정열
시 쓴 노트가 든 가방을 들고 다니던 모습
깊숙이 빨아들인 담배연기 같았던 격정
술에 잠식되어 무너져 버린 인생

生과 死의 벽에 단절된 이승과 저승
누구나 가야 할 인생길 종점
한때 술 친구였던 경현아 묻고 싶구나
그 곳에서 편히 잠들고 있는가

조시/ **성후모**

가신 님

어젯밤 꿈을 꾸며
바라본 지인
벌써 멀리 떠나셨군요

내 가슴에 쏟아 내린
당신의 영혼
하늘에 입적 신고 보고

오색 무지개 다리 건너
자욱한 은하수 강물은
사랑하는 지인을 경계하며

지상을 내려보는 천상세계
김 시인을 아스라이 올려보는 영면세계
눈물의 발자국 봅니다

추모사

빗속으로 스러져간 사람아

김재엽
(한누리미디어 대표)

경현이, 그날도 추적추적 봄비가 하염없이 내리고 있었지. 3월 해동시낭송회를 마치고 1차 회식을 마친 다음 뒤풀이로 인사동 골목을 헤집고 다녔지 않았나.

간암 치료차 고려대 병원에 입원해 있다가 구소련 여군 장교보다도 험악하게 다가오는 간호사의 팔뚝만한 주사바늘이 너무도 무서워 도저히 치료를 받을 수 없을 것 같아 뛰쳐나왔다던 자네. 그런 공포의 상황을 감내하며 삶을 구걸하느니 차라리 편하게 죽는 길을 택하겠다고 맥주나 한 잔 더 달라고 떼쓰던 자네의 모습이 너무도 비장하게 느껴졌었지.

인사동 술집을 나왔을 때는 꽤나 굵어진 봄비가 제법 세차게 내리쳐 곱게 단장하고 나온 양복을 깊숙이 적시고 있었는데, 그날 왜 삶과 죽음이 그렇게 가깝게 느껴졌는지 나 자신도 알 수 없는 일이었네.

그저 시간이 해결해 줄 것이라는 생각에 자네의 술잔을 빼

았다가도 어쩔 수 없이 놓아버린 생사가 걸린 음주에 만류할 힘마저 잃어가고 어느덧 자네도 술을 이길 수 없을 정도로 지쳐버렸지 않았나. 하긴 병실에 입원해 있어야 할 환자가 무리하게 외출하고 거기다가 술도 마셨으니 죽으려고 환장한 것이나 다름없었지.

그런데 비가 와서 그런지 택시마저 잡히지 않고, 찬비를 맞으며 낙원상가 주위를 이리 뛰고 저리 뛰며 택시 꽁무니를 쫓아다니느라 거의 파김치가 되었었는데 그렇게 30여분을 헤매었으니 심신 또한 오죽했겠는가. 그리고 간신히 택시를 잡아타고 헤어졌었는데 그게 이승에서의 마지막 만남이었고 또한 마지막 헤어짐이었다니 서글픈 생각이 앞서는군.

어쩌면 삶과 죽음이란 것이 그저 일상에서 일어나는 자연의 현상이고 아무렇지도 않게 시간은 또 그렇게 흘러가면서 인간사회는 여전히 굴러 간다지만 경현이 자네만큼은 충분히 건강을 찾을 수 있는 정도의 병증이었다고 여겼었지.

몸 관리만 좀 하고 의사가 시키는 대로 치료에 순응한다면 충분히 건강을 회복할 수 있을 것이라 생각했는데, 현실보다는 정신세계에 깊이 천착해 있는 자네의 그 감성어린 시심이 오히려 스스로의 자연수명을 거부했던 것이 아니었나 싶네.

그날 이후 며칠 동안 나도 꽤나 컨디션이 안 좋아서 고생했는데 중환자였던 자네인들 오죽했겠나. 그리고 그날 그 만남과 헤어짐이 내 가슴 속을 오래도록 쥐어짜서 한동안 전화조차 할 수 없었지.

술이 독약인 줄 알면서도 제어하지 못하고 방치한 나의 무력감, 다시는 건강하게 회복된 모습을 볼 수 없을 것이라는 자괴감이 나 자신을 애써 외면하게 만들었고, 그렇게 봄과 여름을 거쳐 운명의 가을을 맞이하지 않았나 싶네.

자네가 떠나던 바로 그날 9월 9일은 구한말 한일합방에 통분하여 스스로 자결하며 순국한 매천 황현 선생의 100주기 행사가 구례에서 열렸었고 나는 《소설 매천야록》의 제작자로서 행사에 참가하고 올라오는데 역시 비가 하염없이 쏟아져 천안에서 서울까지 네 시간이나 걸렸지 않았겠나.

물론 자네의 부음은 그보다 일주일이 지난 후에 들었지만 무언의 영상이 자네의 안부를 궁금하게 다가왔었는데 마침 그날이 우리 어머님의 기일이기도 해서 서둘러 귀가하느라 전화도 못한 채로 잠시 잊고 있었지 않았나. 결국 마지막 가는 모습도 보지 못했으니 참으로 애석하구먼.

어쨌든 49재를 기하여 자네의 피눈물로 점철된 유고를 한데 묶어 영전에 바칠 수 있게 되었으니 그것으로 위안 삼으려네.

부디 이승에서의 서러움일랑 모두 잊어버리고 편안하게 영면하시게나.

추모시/ **서현숙**

당신을 보내며

당신 가는 날부터 보내고 오는 날까지
그렇게도 궂은비가 내리더니
돌아오는 길에는 거짓말처럼 비가 그쳤습니다.
하늘도 당신이 떠난 걸 몹시도 슬퍼한 것 같습니다.

비록 아픈 몸이었지만,
나와 같은 것을 보고
우리의 식탁에서 소박한 음식을 함께 먹고
같은 공간에서 숨쉬었던 당신…

이제는 손을 뻗어봐도 닿지 않고,
눈을 비비고 봐도 보이지 않습니다.
당신과 같이 걷던 길도 그대로인데
당신만 가버리고 없습니다.

가끔은 당신이 보일까 해서 하늘을 보지만
흰 구름만 제 멋대로 흘러 다니고,
고개를 떨구면 밟히고 찢긴 나뭇잎만

내 마음을 아프게 뒹굽니다.

현실이라는 핑계와 자기 합리화로
좀 더 잘 해 주지 못한 것에 대한 후회만 남습니다.
그래도 당신께 부탁하고 싶은 것이 있습니다.
남아 있는 우리 아이들 잘 지켜 주세요.

흐르는 물이 시내를 이루고 바다로 모여 하늘로 올라가고
다시 내려와서 대지로 스며들어 또 다시 흘러가듯
찰나라고 해도 좋고 억겁이라고 해도 좋을만한 세월이 내려 쌓이면
하늘로 돌아간 우리 인간도 다시 이 곳으로 오는 걸까요?

부디, 다음 생에서는
아프지 말고, 힘들지 말고, 행복하게 살기를 바랍니다.
이제는 모든 시름 다 내려놓고
편안히 쉬기를 바랍니다.

2010. 10월 어느날 당신의 아내가

추모시/ **김오현**

억새꽃 편지

가을 들길 따라 무성한 억새밭
해맑은 풍경 속으로
바람 되어 떠나갑니다.

억새의 속삭임에
사색의 나래는
눈물 하나의 겸허로
풀이 아닌 꽃이 되어
그리운 가을 선율이 되었습니다.

억새꽃은 피어나고
고갯마루 홀로
먼 산 하늘 바라보던
희어진 머리에는
눈물 꽃만 나리고
달빛 속 여린 시인의 뒷모습이
그리움에 사무쳐
성큼성큼 다가옵니다.

이별의 강 언덕에
억새꽃은 피어나고
억새꽃 한 아름 꺾으려
이승의 나는 억새밭을 서성입니다.

가을의 하얀 그리움은
하늘꽃이 되어
내 가슴을 수놓고 있습니다그려.

1부 _ 새벽의 기도문

들국화

거칠은 들바람에도
햇살 같은 미소를 날리며
싱그럽게 피어있는 모습이
영락없는 내 아내 얼굴.

새벽의 기도문

삭막한 이 시대를
이름 없이 살다가 갈지라도
결코 눈시울 적시지 않으리.

부지런한 새벽 사람들 곁에는
항시 따뜻한 이야기가 있고
노상 따뜻한 사랑 노래가 있나니,

마른 어깨 이웃하고
푸른 꿈 널따랗게 펼쳐
풍요롭게 生을 경영하면,

어둠에 묻힌
한 톨의 불씨처럼
다시금 활활 타오를 수 있을지…

누가 아나요
굽이 굽이 365굽이
물결 같은 그리움이 몰려와 준다면,

척박한 이 시대를
바람같이 살다가 갈지라도
결코 가슴 아파하지 않으리.

풀밭에 누워 하늘을 보면

풀밭에 누워
하늘을 보면

내 가슴 한 켠
어딘지 모를

푸른 강물이
흘러서 간다

목화솜 같은
구름꽃송이들

뭉치 다발로
피워 놓고서

사랑에 겨워
그리움에 겨워

바람 소리 따라
늑골로 운다

청명한 가을
오후 한나절

풀밭에 누워
하늘을 보면…

영취산 진달래

반가운 봄 얼굴 이웃하고
마른 어깨 너머로
살랑살랑 바람이 불며
햇살이 붐비는 날

영취산 진달래 따서
푸짐하게 화전을 부쳐 놓고
막걸리잔 사발 돌려가며
파다하게 이야기꽃 피우고

연분홍 꽃물 젖은 구름 한 점
푸른 실비단 하늘 건너와서
메마른 가슴 가슴 발갛게 물들이며
시나브로 사랑의 둥지를 틀면

바람결 따라 어디선가 들려오는
구수한 남도 사투리 육자배기 가락
불타는 산마루 굽이 돌아
홍에 취한 몸 마구 흔들어 놓는다.

나는

누군가는 와서 어린 날의 기억을 떠올리고 가고
누군가는 와서 젊은 날의 추억을 떠올리고 가고
누군가는 와서 사랑을 읽고 가고
누군가는 와서 그리움을 간직하고 가고
누군가는 와서 죽음을 예견하고 가고
누군가는 와서 희망을 품고 가지만
나는 나로서 건재하다.

낙산사에서

언제부턴가
내 안에 자리한
종 하나

사랑에 사무치면
온몸으로 우는
종 하나

그 아름다운 종신
어디를 두드리면
못견디게 그리운 이름들

눈송이 쏟아지듯
그 울림 쏟아져
천지만방 쌓일까.

바람 부는
쓸쓸한 날이면
눈물나게 생각나는 그대

내 안에 살아
못견디게 요동치는
그대.

보고파 보고파서
오늘도 해종일
종각을 돌며

어지러운 마음들
가지런히 두 손으로
쓰다듬는다.

달개비꽃에게

기다리지 마라
굳이 속 태우지 않아도
돌아올 자 돌아온다

기다리지 마라
눈물 빛 사무치는 세상
바람 따라 구름 따라
한 시절 떠돌다 보면

보고픔에 겨워
마지막 청춘의 끝자리 너머엔
빈 몸뚱이 마른 영혼만
덜렁하니 남을지니

달빛 푸른 이 밤
절대로 기다림에 지쳐서
쓰러지지 마라

사랑에 홀려서
그리움에 젖어서

몸부림치는 자
어디 한둘이더냐

기다리지 마라
가는 세월 따라 하늘거리는
한 줄기 가여운
보랏빛 목숨이여

촛불

기나긴 세월을
어둠 속에서만 가슴 앓으며
숨죽여 살았습니다.

비록 눈물 많은 세상
밝은 빛은 벗하지 못했지만
찌든 물에도
결코 발을 담그지 않았습니다.

보십시오, 님이여
샛별처럼 초롱한 눈동자에
삼삼하게 그려지는
아름다운 사랑의 모습을.

이제는
내 육신과 영혼이 모두 타서
천리 하늘 밖
바람꽃이 되어 산산이 흩어져도

오로지

당신 하나만을 의지하고
한 생애 살아가렵니다.

근황

시다운 시 한 편
사람다운 사람 하나
사랑다운 사랑 하나 엮기 위해
밤이나 낮이나 몸부림치는 나를 보고
어떤 사람은 눈물을 흘리고 가고
어떤 사람은 쓴웃음을 짓고 갔다지만
나는 나로서 건재하기만 하다.
마치 주막집 불판에 올려진
돼지껍데기처럼 지금은 움츠리고
돈도 되지 않고 쌀도 나오지 않는
가난한 삶을 부여잡고 몸부림을 치는
한심스럽고 시시껄렁한 몸이지만
조금만 더 힘을 내자
조금만 더 피땀을 쏟자
자신에게 몇 번이고 다짐을 하는 나는
오늘도 하늘 보기가 부끄럽지 않다.

해변에 서면 · I

햇살 맑은
그리운 날에는
한 바다 가득
밀물이 들고

바람 부는
쓸쓸한 날에는
한 가슴 휑하니
썰물이 진다

벌거벗은
시오리 갯벌을
참사랑 하나만 껴안고
잠든 해변에 서면

사무치는 하늘빛
너울너울 새가 되어
슬며시 수평선을 넘나든다

해변에 서면 · II

노을이 탄다
中年의 바다 가득
꽃빛 물든 가슴이 탄다

눈 내리는 한겨울
무리져 서 있는
동백나무 숲처럼
푸른 하늘 머리에 이고

빨갛게 빨갛게
인생화보를 수놓아 가는
사랑의 불꽃 심지!

이 세상 천지
그 무엇이
이보다 더 아름답고 눈이 부시리.

노을이 탄다
中年의 바다 가득
꽃빛 물든 젊음이 탄다

사랑의 詩 한 줄

세월의 한 갈피에
고이고이 접어
가슴 속에 묻어둔
애끓는 사랑의 詩 한 줄 꺼내어
꽃편지지에 담습니다.

밤이나 낮이나 애지중지하는
머리맡 화분 호접란처럼
야윈 얼굴에는 빨갛게
수시로 부끄럼이 피지마는

멀리 떨어져 있는
당신이 눈물 나게 그리워
어둠 속을 헤집어
별을 따는 어린 마음으로

즈믄 오늘밤도
가슴 속에 묻어둔
애끓는 사랑의 詩 한 줄 꺼내어
꽃편지지에 담아
시나브로 바람결에 띄웁니다.

별꽃

生과 死
갈림길에 선 우리네 인생

이 어둔 땅 어디서
희망의 씨앗을 찾아
다시 환하게 꽃피울 수 있을까.

이승과 저승
눈을 뜨고 바라보면

정녕코 여기서 그리 멀지 않은 곳에
영혼의 빛이 점점이
빛을 내며 자리하고 있구나.

취발이 詩

물빛 고인 하늘강에
쪽배 한 척 띄워 놓고

주거니 받거니 유유자적
오고 가는 술잔이

어느새
빨갛게 취해
心志까지 타오르네

동백

부푼 가슴 터져서
꽃이 되려는가
모두가 숨을 죽인
겨울 한나절

눈 덮인 들판 숲
어디선가 서둘러
불을 놓아서
쓸쓸한 혼 넋을 사룬다

제 몸을 살라서
한 세상을 밝히는 것
얼마나 값지고
얼마나 보람찬 일이랴

찬 바람결에
점점이 일어서 퍼져가는
꽃불 사래 속
그대여

눈물 없이 메마른
피의 제단 위에
사랑을 아낌없이
바치지 않으려는가

2부 _ 어둠 속으로

어둠 속으로

어둠 속으로
노을이 잠기더니
슬며시 山조차 모습을 감추었다.

나뭇가지에 앉아서 해종일
사랑을 노래하던
젊은 새들은 어디론가 날아가고

풍경소리 평화로운 山寺는
연꽃 같은 동자승 얼굴에
활짝 법문을 피웠다.

별들이 소리 없이 눈을 뜨는 밤
천야만야한 산기슭을 타고
청솔바람은 불어오는데

어둠 속으로
달덩이 같은 님의 모습이
두둥실 흘러가고 있다.

불혹을 넘어선 삶의 한 길목에서

청솔가지 위에
너훌너훌 사비약
학이 내려앉고

하늘빛 고운 꿈
몇 자락이 슬며시
지상에 내릴 때

비로소 눈을 뜨고
인생을 시작하는
저기 저 사람들은

무슨 바람으로
꽃을 피우고
기도를 올릴까.

청솔가지 위에
달이 걸리고
별이 점점이 빛날 때

사무치는 그리움으로
청산녹수 껴안고
한 데 어우러지면

막혔던 시름 줄기
굽이굽이 풀려서
비단길이 열린다.

유년의 바다

아주 아주 깊이
잠들어 있다

유년의 바다

흔들어도 흔들어도
깨어날 줄 모른다

천년의 꿈을 먹고 사는
유년의 바다

생명이 다한 것일까

저기 저렇게 번듯하게
고향 하늘 펼쳐져 있는데

아니다 아니야

언젠가는 반드시 반드시
파도치듯 요동치며 일어나

크게 한 번 목 놓아 울리라.

내 안에서 물결치는
유년의 바다

담배

살려줘
죄라면 너를 사랑한
죽도록 너를 사랑한 죄밖에 없어
제발 나를 좀 살려줘

한 모금의 달콤한 연기 맛으로
모든 폐세포를 제압한
너의 막강한 힘 앞에는
벌써 무릎을 꿇은 지 오래야

골골골 가래 끓는 소리만 남기고
니코틴에 중독되어 썩어가는
저세상을 좀 들여다 봐
무엇이 그토록 집요하게
싹트는 희망 의지를 꺾어 버렸는지
앞날이 캄캄해

구겨진 양심 쪼가리와
짓밟혀 뭉개진 목숨 줄기가
손발이 닳도록 빌며

눈물로 애원을 해도

잘못된 한 순간의 선택으로
하얗게 살과 뼈를 태워
바람결에 날리는 삶
이제는 무섭단 말이야

살려줘
죄라면 너를 사랑한
죽도록 너를 사랑한 죄밖에 없어
제발 나를 좀 살려줘

술 취한 밤을 보내고 나서

어떻게
어떻게 찾아 왔을까
술잔을 주거니 받거니
받거니 주거니
고주망태 되어
기억의 필름조차 끊어졌는데

한 치의 오차도 없이
그 먼 밤길을 잊어버리지 않고
어떻게 집까지 무사히
찾아 왔을까

전철도 끊어지고
마지막 버스도 놓쳤는데
따따불로 택시를 탔는지
몸은 곱게도 집에 와 있고
주머니엔 잔돈만 몇 푼
덜렁하니 남았구나

술기운에 취해

갈지자로 걸음을 걷던 일을 생각하면
머리조차 어지러워
눈알이 뱅뱅 돌고
살아갈 앞날이 캄캄한데……

오, 지랄 같은 내 삶의
게걸스런 인생이여
이제는 내 곁에서
아주 아주 떠나가거라

꽃샘추위

따사로운
햇살 아래
파릇파릇
얼굴을 내민

새싹들도
바르르
몸을 떨며
긴장하고

열두 폭
비단 하늘길
열어젖힌
강물도

또 다시
살얼음 져
전신으로
운다.

움츠리면
움츠릴수록
뼛속 깊이
파고드는
바람의 시새움.

가고 오는
계절의
마지막
한 고비인가

발걸음 재촉하는
고개 숙인 봄도
꽃샘추위에
귓불이 얼얼해진다

이 밤에

머—언
산모롱이
청솔가지 끝에
꿈 한 자락 걸어두고

예나 제나
가슴 졸이며
모로 누워 몸을 뒤척이는
그 사람은 누구인가.

뒤돌아보면
그리운 꽃시절
염염히 불타던 사랑은
바람 속에 묻힌 지 벌써 오래인데……

산동네 오막집
사랑방에 호롱불이 여위는
고요한 이 밤에

초롱초롱

눈동자를 빛내며
천야만야한
어둠의 벼랑을 넘어

신새벽
光明의 길을
서둘러 찾아 나서는
그 사람은 정녕 누구인가.

고향초 · II

백로가 노닐던
들판 시냇가에 모여서
천렵을 하여
배부르게 어죽을 쑤어 먹고

너랑 나랑
한 데 어우러져 얼씨구 절씨구
한바탕 신나게
힘겨루기 씨름판을 벌이던

그립고 정든 내 고향
달려가고 싶어
찌든 일상을 접어 두고
노을 타는 하늘가에 서면

심중에서 흘러 나오는
슬픈 망향가 한 소절
바람 속에 사무쳐
마른 눈시울을 뜨겁게 적신다

님 생각

따사로운 봄날 오후
벚꽃 그늘 아래 서서
바람에 맑게 씻기운
푸른 하늘 호수를 보니
사랑에 취한 가슴
산산이 풀어 헤치고
한 줌 혼불이 되어
눈물 고개 넘어간
그리운 님 생각에
절로 마음 고요해지네

봄날

밝은 햇살 아래 피어난
개나리꽃을 입에 물고
푸른 실비단 하늘을 바라보며

가만 가만히 귀 기울이면
겨우내 맺힌 설움 풀어 노래하는
열두 굽이 실개울 물소리도 고와라.

어디 만나면 살가운 것이
비단 산 넘어 들 건너 불어오는
실바람 숨결뿐이랴마는

꽃향기에 취한 내 마음도
그리운 님을 만난 듯이
하루 일 마냥 즐거워라.

애기똥풀꽃

지금도 있을지 몰라.
마을은 이미 현대식으로
건물들이 줄지어 들어섰고
황토흙 묻어나던
꼬부랑 동네 샛길은
시멘트 포장이 되어
한없이 길고 넓어졌지만
지금도 있을지 혹시 알아.
마을 후미진 곳에
한두 군데 남아 있는
흙벽돌집 마당 구석구석에
슬며시 몸을 숨기고
푸른 고향 하늘 그리며
뿌리를 내리고 있을지
어디 행여 누가 알아.
어린 일곱 살박이
내 누이가 혼자서
그렇게도 그렇게도 좋아하던
노오란 애기똥풀꽃.

雨期에

길을 찾아
진솔한 삶의 길을 찾아
회색빛 도시의 뒤통수를
얼마나 걸어 다녔는지

구두 밑창이 닳아서
찔끔 찔끔 빗물이 새어든다.

길고 지루한 장마철
해묵은 초가지붕에 스민
빗방울 떨어지듯이

구두 밑창으로 스며든 빗물로
홍건하게
발바닥이 젖는다.

젊고 싱싱한 사랑의 꽃가지를
무지막지 꺾어버린 雨期는
아직도 절반이나 남았는데

구두 밑창 닳듯이
닳아버린 나의 세월은
언제나 새로운 날을 맞이할지

오늘도 빗물에 하얗게 부르튼
발바닥을 들여다보면서
끙끙 생가슴을 앓는다.

天道花歌

꽃잎이 지고 무더기로 무더기로
지천에 어스름이 내려 깔릴 때

내 영혼 곁에 네 영혼이 머물러
네 영혼 곁에 내 영혼이 머물러
서로 함께 어깨를 이웃할 수 있다면
서로 같이 가슴을 맞댈 수 있다면

조건없이 사랑을 나누어 주는 나무처럼
아낌없이 희망을 빛내어 주는 불빛처럼
우리는 죽어서 형체 없는 바람이 되어도 좋아
우리는 죽어서 모양 없는 구름이 되어도 좋아

열두 굽이 청청 산 날을 돌아 굽이치는 강물처럼
열두 마당 빙빙 어둠을 돌아 스며드는 빛살처럼
네 영혼 곁에 내 영혼이 머물러
내 영혼 곁에 네 영혼이 머물러

한 점 부끄럼 없이 하늘을 우러르며
한 점 아쉬움 없이 청산을 굽어보며

서로 더불어 나붓이 손을 모으고
기도할 수 있다면
서로 더불어 나란히 발을 맞추고
눈물을 흘릴 수 있다면

우리는 오늘 당장 저승꽃이 되어도 좋아
우리는 오늘 당장 황천길을 떠나도 좋아

갈꽃

갈꽃이 진다
갈꽃이 진다

쓸쓸한 산모롱이
넘어넘어
파아란 하늘 호수에
고요히 파문을 지으며

빨갛게 불타던
스물두 살
내 젊은 날의 사랑

그 사랑처럼 지금은
오두마니
바람소리만 남겨두고

아득한 추억의 눈물 자리
가득 가득히
갈꽃 같은 마음 속
깊은 상처를 메우며

그리움이 진다
그리움이 진다

9月

강시울 마른 갈잎 대공을 스친 바람이
살비아 꽃초롱 타는 사랑의 꽃밭으로
슬며시 가을을 데불고 오면

애자지는 꽃잎 사이로 아픈 눈을 뜨는
내 젊은 삶의 꿈은 오늘
또 어떤 부끄럼을 나부끼며 살아갈거나.

미루나무 밋밋한 가지 끝에 걸려 있는
파아란 하늘 몇 자락
그리움 겨운 가슴에 풀어 헤치면

허허 공중에 햇무리 선 눈물
불타는 산날로 나래쳐 가서
한 타래나 草琴 가락을 울린다.

3부 _ 내 작은 꿈의 뜨락에는

내 작은 꿈의 뜨락에는

바람막이가 없어도
내 작은 꿈의 뜨락에는
무더기로 꽃이 핀다

삶의 짐이 버거울 때나
영혼의 길이 고단할 때
각양각색 별의별 꽃이 핀다

죽음의 어둔 그림자가 몰려와도
서로 같이 사랑을 나누면서
서로 함께 그리움을 보태면서

뿌리와 뿌리로 생명을 잇고
줄기와 줄기로 몸을 기대면서
서로 더불어 어깨 끼고 꽃이 핀다

풍경소리

뎅그렁
뎅그렁
뎅그렁

솔바람에
가슴 울리는
풍경소리

궂은 세상사
온갖 시름
접어두고

머언
산날을 빙빙
돌고 돌아

한 발치씩
한 발치씩
사무쳐

비단 하늘섶에
참한 꽃 한 송이
피워 놓더니만

뎅그렁
뎅그렁
뎅그렁

오늘은
종일토록
눈시울 적시며

온누리
백팔번뇌
모두 잠재운다

풍경

누가 떠나가나 보다
눈물 메마른 산천에
길길이 꽃을 뿌리며
불타는 산모롱이 돌아
강물 흘러가는 것을 보니
정말 누가 떠나가나 보다
저녁 노을보다 빨갛게
물드는 비단 하늘섶 넘어
꽃구름 한 아름 껴안고
외론 바람 길로 쓸려가는 것을 보니
아마도 누가 죽어 떠나가나 보다
엎드려 울던 땅의 풀잎들
무딘 흙발에 짓밟힐세라
일제히 일어서 핏발 세우고
저리 속살 떨며 아우성치는 것을 보니
아마도 누가 죽어 영영 떠나가나 보다

빗소리

한밤중
창 밖에 내리는
찬 빗소리
저렇듯 드세니

홀로
먼 길을 떠난
고운 우리 님
앞길을 막을세라

행여나
가슴이 조여
밤새도록
잠을 못 이루고

바람에
나뭇잎 뒤척이듯
모로 세로
눈시울만 적시운다

이슬

밤이면
태산처럼
이는 근심

어찌할까
어찌할까
전전긍긍타가

눈썹에 맺힌
한 방울
이슬

생가슴
앓는
괴로움

모두
땅에
털어버리고

꽃을 피워
환한
새벽을 맞다

꽃이 피면

꽃이 피면
산에 들에
울긋불긋 꽃이 피면

들뜬 내 마음
황홀한
봄빛을 좇아

어디론지
하릴없이
떠나고 싶다.

활화산같이
타오르는
가슴으로

곁에 있어도
눈물겹게 그리운
그 사람과

한 백년쯤
한 천년쯤
사랑을 나누고 싶다.

꽃이 피면
길길이
산산이 꽃이 피면

오직
타는 그리움
하나만으로

머나먼
천리 하늘길을
열고 가서

꽃처럼
아름답게 한 세상을
살고 싶다.

동백꽃

한겨울
얼음 속에서도
꺼지지 않고
살아 타오르는
저 염염한 불꽃
무엇으로 잠재우랴.

눈시울 젖는 일이
많으면 많을수록
언 살이 터져
언 핏줄이 터져
어둠에 묻힌
사랑의 영토를
빨갛게
빨갛게 물들이는데,

저린 가슴
아린 뼈마디
칼바람 속에
산산이

풀어 헤치고
시린 눈물
땅에 묻으며
早春의 길을 여는

오,
젊음의 혈기
왕성하게
한겨울
얼음 속에서도
살아 타오르는
불꽃이여.

오동꽃 만발하면

뒤뜰에 심어놓은
오동꽃 만발하면
칠흑 어둠 헤치고
보랏빛 새벽 몰아
오신다던 우리 님.

구름에 달이 밀려
바람에 구름이 쓸려
서으로 기울어가도
끝끝내 소식 놓아
오실 줄을 모르네.

애섧타,
예나 제나
기다리는
이내 마음
그 누가 알아주리.

뒤뜰에 심어 놓은
오동꽃만 홀로 피어

천지사방 방향하다
뚝, 뚝
땅에 떨어지네.

秋夜

I

쇠기러기
암수 서로
짝을 지어
날아가는

늦은 가을
밤 하늘엔
달빛마냥
교교한데,

혼자서
님을 그리며
애태우는
가슴이야.

II

흰 서릿발
흩날리는
찬 바람길

따라가면

행여나
우리 님을
만나볼 수
있을까

한 시절
애끓던 눈물
큰 강 되어
흘러가네.

바람 소리에

바람 소리에
창문이 울고
마음이 떨릴 때

나는 나를
고독의 벽 속에
깊이 깊이 가두어 놓는다

그 눈물의 길이가
열 자가 되었건
스무 자가 되었건

바람 소리에
낙엽이 지고
점점이 별빛이 여윌 때

나는 나를
그리움의 불도가니 속에
깊이깊이 던져 넣는다

차마 잊을 수 없기에
못 견디게 못 견디게
사무쳐 오기에

바람 소리에
달빛이 비처럼 타래로
쏟아져 내릴 때

나는 나를
몇 번이고 뒤돌아보면서
사랑의 칼날을 들이댄다

가뭄에

— 아버지

담배 한 모금 빨고
　　　　한 숨 섞인 하늘 한 번 쳐다보고
담배 한 모금 빨고
　　　　눈물 서린 하늘 한 번 쳐다보고.

왕벚꽃

어느 누구의 슬픈
혼백이 서렸기에
이리도 길길이 꽃잎을 수놓아
하늘강을 떠돌아 다니는가.

솜털구름같이 새털구름같이
가벼운 몸짓으로 불타는 사랑을
바람 속에 훨훨 풀어 헤치고

아득한 시공의 벽을 넘어
울울창창 우거진 청산으로
불개미떼 열지어 가는
윤사월.

어느 누구의 서러운
꽃 넋이 스몄기에
이리도 어린 내 가슴을
눈물로 내리 적셔
강물로 흐르게 하는가

풀꽃

어떻게 살아야
잘 살았다고 말할 수 있을까

어떻게 살아야
후회하지 않고 웃으며
잘 살았다고 노래할 수 있을까

뒤돌아 하늘을 보면
바람 속에 묻힌 꽃빛 인생 몇 점
소리 없이 눈시울을 적시운다.

종암동 랩소디

무거운 고난의 짐을 걸머지고
가파른 불혹의 고개를 넘어
잠시 가여운 육신을 누이면

천둥벌거숭이 자세로
세월의 문턱에 기대어 선
초라한 내 영혼을

푸른 산 푸른 바람 소리로
비질이라도 하듯이
맑게 맑게 씻어 넘기고

달도 별도 모두 꿈을 꾸는
새벽녘 등을 타고 싸늘하게
식어 흐르는 땀과 눈물로

어둔 인생의 그림자를 벗겨
꽃처럼 아름다운 한 줄기
사랑의 詩를 쓰게 한다.

이사

억수로 억수로
장대비 퍼붓던 여름날
해묵은 짐을 꾸려
이사를 했다

케케묵은 장롱도
다리 부러진 책상도
거울 깨진 화장대도
내가 아끼는 시집도
모두 흠뻑 젖었지만

월세방 전세방
전전긍긍타가
새 집을 마련해서
제자리에 짐을 정리하니

논낙같이 논낙같이
장대비가 쏟아져 내려도
풍선처럼 들뜬 마음
첩첩이 쌓인 시름도

한 순간에 깨끗이
바람에 구름 씻겨가듯
세파에 찌든 얼굴도
해맑게 밝아졌다

결혼한 지 열두 해
아등바등 살다가
내 집 장만해 이사를 왔으니
어찌 잠인들 그리 쉽게 오랴

벌겋게 충혈된 눈으로
한밤을 지새고
꽃봉오리 터지는 아픔처럼
비로소 새 삶의 풋풋한
보랏빛 새벽을 맞았다

4부 _ 아픈 몸을 이끌고

단풍

누구의 사랑을 먹고 살기에
저리도 온 몸이 빨갛게 불타는가

여름 내내 젊음을 발산하던
그 단단한 근육질의 삶이여

누구의 영혼을 닮았기에
저리도 바람처럼 시나브로 떠나는가

가을날

햇살 맑은 날
세상 찌든 시름 다 접어두고
단풍놀이 갔더니
꽃바람에 구름이 씻기듯
어지러운 머릿속도 맑아지더라

넓게 넓게 펼쳐진 하늘가에는
각양각색의 가을 산이
융단을 깔아 놓은 듯
제각기 두 발 곧추서
한껏 서로를 뽐내는데

회색빛 도시 뒤로 하고
외로움 데불고 달려온 나는
어디 어느 색에
삶을 맞춰 살아야 할지
눈물만 나고…

햇살 맑은 날
단풍나무 숲 그늘에 누워

떨어지는 낙엽들을 보니
자꾸만 흐트러지는 마음
하나둘씩 추스려 달래 본다

용추골

Ⅰ

깊은 밤
처녀림을 가로 질러 가는
기가 막힌 계곡이여

깎아내린 천 길 벼랑
물소리를
들었는가

뒤통수를
후려 메치는 맵찬 바람 소리
무섭기도 하이

Ⅱ

하늘빛도
부끄러워
숨어 버린 산속 마을

물레나무
뿌리 얽어

피 나누고 살 부비는

그 뜨겁게 불타 버린
환장할 사랑의
내력을 알면

별빛에
홀린 듯이
비비꼬인 몸뚱아리

저 멀리서
바라만 보아도
눈동자가 뒤집힌다

불의 환상곡

비 내리던 그날 밤
나는 너의 불이 되어
마지막 한 줄기 빛을 발했다.

어둠을 뚫고 올라온
젊음의 푸른 꽃대궁 가지
요리조리 흔들며
바람은 억세게 기승을 부렸지만

심지 곧은 삶의 의지는
뿌리를 송두리째 태워도
눈물 한 방울 흘리지 않았다.

스물두 살 어린 날의
꿈을 허무하게 무너뜨리고
입술에 핏방울이 서리도록

무딘 세월의 손등을 깨물던
지독한 사랑의 긴 긴
가슴앓이 열병이여.

비 내리던 그날 밤
너와 나의 싸늘하게 식어 버린
온몸의 생기는 마침내

재가 되어 허공에 흩어지더니
머언 하늘 밖
한 점 구름이 되어 버렸다.

가을 이 밤엔

내 안에서 타는
사랑의 촛불이 녹는다

가랑비 내리는 가을
한밤중
가는 길 가로 막고
천지사방 낙엽은 날리는데

시름에 겨운
그리움의 눈물이
싸늘하게 발등을 적신다

어둠에 묻혀 있는
먼 옛날의 추억이야

다시 살아나서
아픈 영혼의 눈을 뜨건 말건

맺힌 마음의 끈이 풀어져
산날을 굽이도는

쓸쓸한 가을
이 밤엔

내 안에서 타는
사랑의 촛불이 소리 없이 녹는다

선상 위에서

칼질을 한다
바다에서 마악 건져 올린
싱싱한 은갈치 한 마리
도마 위에 얹어 놓고

호박잎으로 비늘을 벗겨낸 뒤
익숙한 솜씨로 칼질을 하여
회를 뜬다

머리 꼬리 등지느러미
내장 다 잘라내고
초고추장에 찍어 먹는
이 맛!

입에 살살 녹아
생선 육질의 부드러움이
그대로 살아 있어
막소주 한 잔에
음미하는 자유로움이야

찌든 세상
어디에서
다시 만나보랴.

서울 랩소디

청옥빛 하늘자락
바람에 휘날리는
그런 눈부신 날에는
삶에 찌든 일상
모두 다 접어두고

사통팔달 꽉꽉 틀어 막힌
회색빛 도심을 가로질러
시냇물 흘러가는
청계천 천변으로
발길을 돌려서
멍울진 가슴을 풀어보자

눈물 겨운 세상
무엇이 그토록
우리를 구속하였는가
무엇이 그토록
우리를 압박하였는가

지그시 눈을 감고

생각에 잠겨서
자유를 주고
평화를 주는
넉넉한 시간적 여유를 가지자

청옥빛 하늘 자락
바람에 휘날리는
그런 눈부신 날에는
시름겨운 세월
모두 다 접어 두고

눈을 감는다
몇 번이고 몇 번이고
떠지려고 하는 눈을
지그시 내려감는다

교정에서

진눈깨비 내리던 날
노랑 목도리 두르고
입학식장에 가던 그 때가
바로 어제 같은데

이제는 그 자그마한 꼬맹이가
제법 어른스럽게
나를 웃기며 놀리며
어른 티를 낸다

지금은 누가 맞는 건지
누가 틀린 건지
돌고 도는 수레바퀴
인생살이 알 순 없지만

그래도 순진무구한 꿈이
아름답게 꽃 피기를
꽃 피어 사방팔방 방향하기를
두 손 모아 나붓이 기도한다

별을 보면 달을 보면

하늘에 뜬 별을 보면
그리운 네 모습이 떠오르고
네 모습이 떠오르면
고향 어머니 얼굴이 그려진다

어머니 모습을 닮았다는
네 모습을 보면
왠지 안쓰러워 보이고
눈물이 난다

빨강 치마 초록 저고리에
땀 냄새 배이도록
자식 사랑 예나 제나
애지중지 끝이 없는 기도

하늘에 뜬 달을 보면
그리운 어머니 모습이 떠오르고
어머니 모습이 떠오르면
네 모습이 더욱 예뻐진다.

여신상

골골이 흘러 내린
기가 막힌 계곡이여

처녀림을 날아가는
곡신의 새 보았는가

정녕코
천하절경이
이 자연 중 으뜸일세

그리움

진달래꽃 너울져오는
산야에 서서
뜬금없이
애국가 한 소절 불러본다

얼마나 애타게 기다리던
봄날이던가
얼마나 절실히 그리던
하늘이던가

모두가 지나면
헛것 같은 세상
이제야 맺힌 설움타래
술 술 술 풀어 보련다

불씨

어두운
이 시절을
바람같이 이기고
산다.

너른 들판
풀꽃처럼
이름 없이
살다가 갈지라도

부지런한
새벽 사람들처럼
따뜻한 이야기 나누며
따뜻한 사랑노래 나누며

푸르른
꿈 이랑
한 사래 한 사래
경영하며 산다.

굽이 굽이
365굽이
산날을 굽이치는
강물처럼

척박한
이 시대를
구름처럼 살다가
흔적 없이 갈지라도

어둠에 묻힌
한 톨의 불씨처럼
활활 타오를
그 날을 위해

젖은 눈시울
바튼 손등으로 닦으며
심지를 돋우고
꿋꿋이 산다

아픈 몸을 이끌고

아픈 몸을 이끌고
머나먼 바람길을
홀로 걸어 왔습니다

눈물로 얼룩지는
애틋한 사연들을
모두 다 땅에 묻고

푸른 별빛 눈을 뜨는
청춘의 꽃자리에
그리운 당신 모습
아름답게 그리면서

비울 수 없을 만큼
크낙한 사랑을
가슴으로 얻기 위하여

병든 세월 데불고
머나먼 어둠길을
홀로 걸어 왔습니다.

입술 위의 영가

— 해바라기 꽃밭에 앉아

햇살이 부서지는
오후 한나절
해바라기 꽃밭에 앉아
머나먼 너를 그린다.

새까맣게 가슴이 타 버린
청춘의 세월들을
눈물 젖은 구름밭에
소리 없이 파묻고

소리개 빙글빙글 맴을 도는
푸른 하늘 위로
솟대처럼 높다랗게
기다림의 목을 늘이며

바람도 숨을 죽인
오후 한나절
해바라기 꽃밭에 앉아
그리운 사랑노래를 부른다.

공동산 別曲

— 겨울 설화에게 띄우는 편지

너를 묻고
외로운 공동산 자락에
그리운 너를 묻고
꽃가마 불태운 채
황망히 돌아서 오는
나의 발걸음 뒤에는
황톳빛 서런 눈물이
옷깃을 적시고 있었다.

불모지대 사막보다도
삭막한 세상을 등지고
머나먼 저승의 다리를 향하여
홀연히 이 땅을 떠나가는
너의 야윈 어깨 위에는
낮달이 하얗게 걸려 있었지만

약속을 저버리고 떠나간
외로운 死地에 홀로 남아 있는
내 젊은 영혼의 하늘에는
진눈깨비 엉겨 붙는

차디찬 겨울 칼바람이
살과 뼈를 깎으며
살벌하게 불어가고 있었다.

서리까마귀 종일토록 울부짖는
山中의 하루 해 그림자야
노루 꼬리보다도 생명이 짧다지만
어디 우리네 목숨이야
철심줄보다 질기고 긴 것을
그 누가 모르랴.

애끓는 가슴 속에
아리따운 너를 묻고
얼어붙은 산날을 돌아
마음의 본향으로 가는 길은
어둠 깔린 산길보다
앞날이 캄캄 막막하고
소름이 돋도록 쫘악쫘악
오금이 당겨 오지만

삶에 대한 두려움보다도
죽음에 대한 공포보다도
너를 사랑하는 마음이
태산보다 크게 자리하고 있었기에
바다보다 넓게 울림 퍼져 있었기에

안으로 안으로 다스림하는
수많은 아픔의 시간들은
세월이 흘러가도
상처가 아물지 않고 덧나서
숱한 낮과 밤을 껴안고
피울음 꺼이꺼이 울며
썰렁한 빈 들판을
온몸으로 딩굴어 다녀야 했다.

이제 너를 한 줌 흙으로 돌려 보내고
고향의 언덕에 앉아
홀로 노래를 부르며
지난날의 기억을 떠올리면

꽃같이 고운 너의 모습은
겨울이 가면
봄이 오듯이
그렇게 그렇게
눈부신 사랑의 빛깔이 되어
하나씩 둘씩
다투어 피어나고 있었다.

오, 항상 나를
끔찍이 아끼고 열렬히 사랑한
나의 천사 애인
겨울 설화여!

김경현 유고시집

별꽃

•

지은이 / 김경현
펴낸이 / 김재엽
펴낸곳 / 한누리미디어
디자인 / 지선숙

•

121-840, 서울시 마포구 서교동 395-13 서원빌딩 2층
전화 / (02)379-4514, 379-4519
Fax / (02)379-4516
E-mail/hannury2003@hanmail.net

•

신고번호 / 제300-2006-61호
등록일 / 1993. 11. 4

•

초판발행일 / 2010년 10월 27일

•

•

값 7,000원

•

※잘못된 책은 바꿔드립니다.

•

ISBN 978-89-7969-374-4 03810